DAS
FRANZÖSISCHE
KOCHBUCH

Impressum

Das französische Kochbuch
Copyright © by area verlag gmbh, Erftstadt
Alle Rechte vorbehalten
Autor: Klaus Teuber
Lektorat & Projektmanagement: Christina Kuhn, Köln
Foodfotos: Paul LeClaire
Länderfotos: Image Direkt, Digital Vision, corbis, fotodisc, stockbyte
Layout: Peter Mebus für Nova Libra, Köln
Satz: Peter Mebus für Nova Libra, Köln
Umschlaggestaltung: Sabine Rummel für Nova Libra, Köln

Printed in Poland 2004

ISBN 3-89996-048-3

VORWORT

Frankreich nimmt in der Gunst der Feinschmecker dieser Welt einen der vordersten Plätze ein. Wie kein anderes Land hat es sein typisches Brot, das Baguette, seinen Wein und Käse zu seinem Markenzeichen gemacht. Das allein reicht jedoch nicht aus, um dem Ausspruch »Leben wie Gott in Frankreich« gerecht zu werden. Für die Franzosen ist Kochen eine Kunst, die durchaus neben der Malerei, Literatur und Musik ihren festen Stellenwert hat. Essen ist Genuss und Muße, wenn man mal von dem für uns eher spartanischen Frühstück mit Milchkaffee und Croissant absieht, welches auch gerne schnell im Bistro um die Ecke eingenommen wird. Wer in Frankreich essen geht, muss Zeit mitbringen. Angefangen vom Aperitif über Vorspeise, Hauptgang, Käseplatte bis hin zum Dessert sollten Sie zwei bis drei Stunden einplanen. Solch ein üppiges Mahl beschließt man zur besseren Bekömmlichkeit noch gerne mit einem Kaffee oder Cognac.

Typisch französisch

Die verschiedenen Provinzen Frankreichs mit ihren regionalen Spezialitäten liefern die Zutaten für die französische Küche. Frischer Fisch und Schalentiere aus dem Atlantik und dem Mittelmeer, Obst und Gemüse aus der Provence, Trüffel aus dem Périgor und nicht zu vergessen das delikate Geflügel aus der »Bresse«, einem Landstrich nördlich von Lyon. Frankreich ist Weinland und rangiert auf Platz 3 der Weinanbau-Länder. Die geographische Lage Frankreichs ermöglicht den Anbau der unterschiedlichsten Rebsorten und bringt große Weine hervor. Weine aus Bordeaux, Burgund oder dem Loire-Tal haben bei Weinkennern einen hohen Stellenwert und erreichen Spitzenpreise. Zum Wein gehört der Käse, von dem man in Frankreich zwischen ungefähr 350 Sorten auswählen kann und der entsprechend gereift genossen wird.

3

Paris – das Herz Frankreichs

Paris, die Hauptstadt Frankreichs, bietet dem Feinschmecker alles, was sein Herz begehrt. Produkte aus dem ganzen Land wurden in die Pariser Markthallen, auch scherzhaft als »der Bauch von Paris« bezeichnet, verfrachtet, um die Stadt mit Lebensmitteln zu versorgen. 1969 entschloss man sich aus verkehrstechnischen Gründen, die »Hallen« nach Rungis, nahe dem Flughafen Orly, zu verlegen. Von hier aus werden heute Spitzenprodukte für Feinschmeckertempel auf der ganzen Welt verschickt. Neben der großen Anzahl von Sterne-Restaurants findet man in Paris unzählige Bistros, die Menüs zu erschwinglichen Preisen oder kleine Snacks für zwischendurch anbieten. In Paris finden sich alle Küchen des Landes vereint: die bürgerliche »Cuisine Bourgeoise« sowie die »Haute Cuisine«, die klassische französische Küche, deren traditionelle Rezepte die Grundsäulen der französischen Küche bilden. Ob nun klassisch oder bürgerlich, eines ist beiden Ausrichtungen gemein: die absolute Frische der verwendeten Zutaten.

Metropolen der Kochkunst

Neben Paris ist die Millionenstadt Lyon Treffpunkt für Feinschmecker aus der ganzen Welt. Eine Vielzahl der wichtigsten kulinarischen Gesellschaften haben hier ihren Sitz und wachen mit Argusaugen über die französische Traditionsküche. Keine andere Stadt Frankreichs hat in den letzten Jahrzehnten so viele bedeutende Köche und Küchenchefs hervorgebracht wie Lyon. Die zentrale Lage der Stadt macht es möglich, die besten Produkte der Umgebung nach immer raffinierteren Rezepten zuzubereiten und die neidischen Blicke von Paris auf sich zu ziehen. Einer der

bekanntesten Köche aus Lyon ist Paul Bocuse, der durch zahlreiche Fernsehsendungen die französische Kochkunst in die deutschen Wohnzimmer brachte.

Dieses liebevoll zusammengestellte Kochbuch beinhaltet typisch französische Rezepte, darunter sowohl aufwändige für Festessen als auch einfache für alle Tage. Qualität und Frische der Zutaten sollten bei allen Rezepten stets gewährleistet sein, um einen optimalen Genuss zu erleben. Nehmen Sie sich Zeit und Muße beim Lesen, Nachkochen und Genießen der französischen Küche.

Guten Appetit! – Bon appétit!

INHALT

Vorspeisen & Zwischengerichte

Schnecken nach Elsässer Art

Croque-Monsieur

Geflügelleber-Mousse

Nizzaer Salat

Hasenterrine

Artischockensalat

Vorspeisen & Zwischengerichte

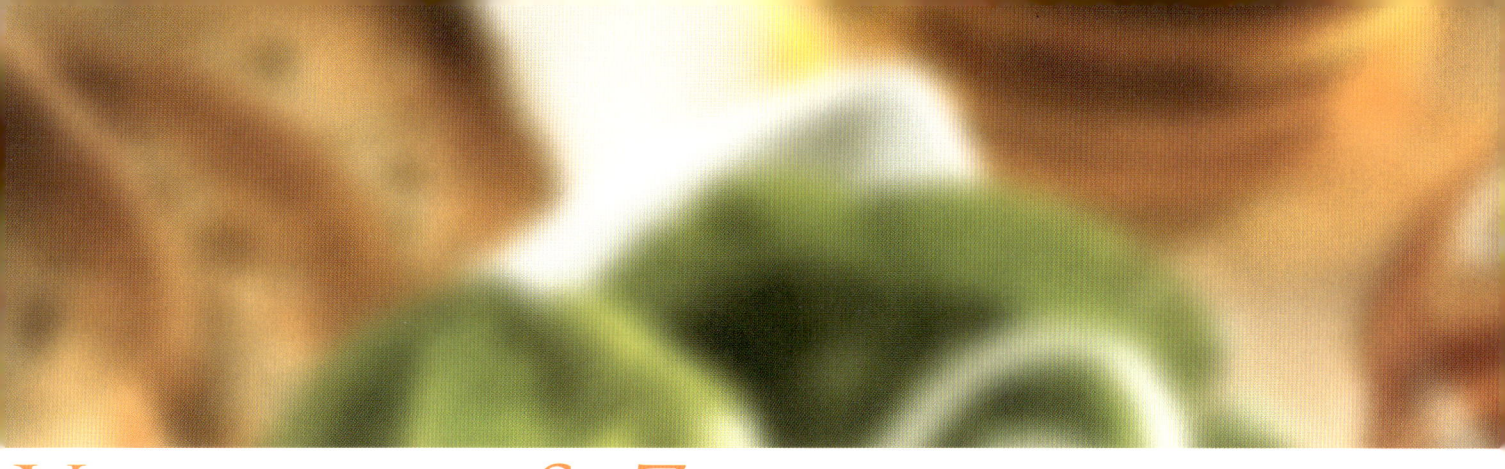

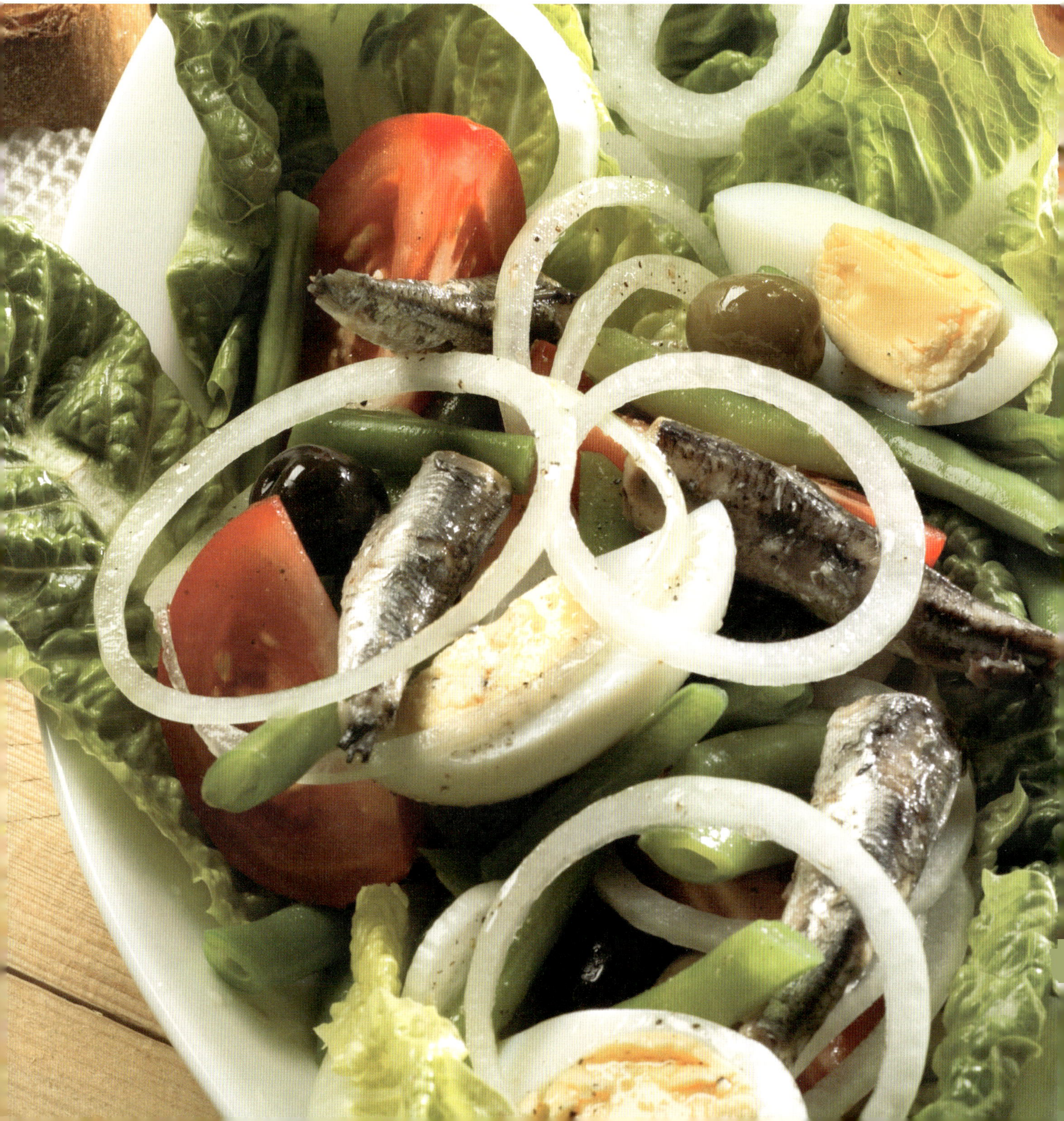

SCHNECKEN NACH ELSÄSSER ART

Für 4 Personen
Zubereitungszeit: 20 Min./Backzeit: 15 Min.

SCHNECKEN NACH ELSÄSSER ART

ZUTATEN

1 Knoblauchzehe
2 Schalotten
1 El Petersilie
100 g Butter
Salz
Weißer Pfeffer
aus der Mühle
2 Dosen ausgelöste
Schnecken (etwa 24 Stück)
24 Schneckenhäuser

INFO

*Das Vorbereiten frischer
Schnecken ist sehr mühsam
und dauert Stunden, man
sollte darum zu der im
Handel angebotenen Dosen-
ware greifen.*

Vorbereitung

*Die Knoblauchzehe und die
Schalotten schälen, möglichst
klein schneiden, mit der Petersilie unter die Butter geben und
alles gut miteinander mischen.
Mit Salz und Pfeffer würzen.*

Zubereitung

*Die Schnecken abgießen, die
Flüssigkeit auffangen und
abtropfen lassen. In jedes
Schneckenhaus zuerst etwas
Flüssigkeit aus der Dose geben
und ein nussgroßes Stück der
vorbereiteten Butter zugeben.
Jetzt die Schnecken hineingeben
und alles mit etwas Butter ver-
schließen. Die gefüllten Schne-
ckenhäuser in eine spezielle
Schneckenpfanne geben und im
Ofen bei 200 °C etwa 10–15
Minuten erwärmen, bis die
Butter schaumig geworden ist.
Hat man keine Schneckenpfanne
zur Hand, kann man die
Schnecken in einer feuerfesten
Schale erhitzen.*

Servieren

*Die Schnecken noch heiß
servieren und aufgeschnittenes Baguette dazu reichen.*

CROQUE-MONSIEUR

Für 4 Personen
Zubereitungszeit: 15 Min.

CROQUE-MONSIEUR

ZUTATEN

2 Eier
200 g geriebener
Greyerzer
1 Tl Senf
Weißer Pfeffer
aus der Mühle
8 Scheiben Toastbrot
100 g Butter
4 Scheiben gekochter
Schinken

Vorbereitung

Die Eier aufschlagen und schaumig rühren, den Käse und den Senf zugeben und mit Pfeffer würzen. Die Toastscheiben von einer Seite einbuttern, die Eimasse auf 4 Scheiben verteilen und je ½ Scheibe gekochten Schinken obenauf legen.

Zubereitung

Mit den übrigen 4 Toastscheiben belegen und die restliche Butter auf den Oberseiten verteilen, in den vorgeheizten Grill geben und etwa 10 Minuten überbacken.

Servieren

Portionsweise auf vorgewärmte Teller geben, mit Tomatenvierteln und Petersilie garnieren und sofort servieren.

INFO

Croque-Monsieur erhält man in nahezu jedem Bistro, und es ist als Zwischenmahlzeit sehr beliebt.

GEFLÜGELLEBER-
MOUSSE

Für 4 Personen
Zubereitungszeit: 20 Min./Kochzeit: 15 Min.

Vorbereitung

Die Lebern waschen, trockentupfen und von allen Häuten und
Sehnen befreien. Den
Edelzwicker in einem kleinen
Topf zum Kochen bringen und
die Lebern 10 Minuten darin
bei leichter Hitze köcheln lassen.

Zubereitung

Die Lebern herausnehmen,
abtropfen und erkalten lassen.
Die Lebern in einer Küchen-
maschine möglichst fein mixen
und nach und nach die Butter
zugeben. Den Marsala zugeben,
mit Salz und Pfeffer würzen
und die Crème fraîche untermi-
schen. Die Mousse in eine Terrine geben und festdrücken.

Servieren

Im Kühlschrank erkalten lassen
und zu geröstetem Weißbrot oder
Toast servieren.

ZUTATEN

250 g Geflügelleber
3 Gläser Edelzwicker
100 g Butter
1 El Marsala (Süßwein)
Salz
Weißer Pfeffer
aus der Mühle
100 g Crème fraîche

GEFLÜGELLEBER-MOUSSE

INFO

Die Geflügelleber-Mousse
kann im Kühlschrank mehrere Tage aufgehoben werden.

NIZZAER SALAT

Nizzaer Salat

Für 4 Personen
Zubereitungszeit: 20 Min.

Vorbereitung

Die Anchovisfilets in kaltes Wasser geben und beiseite stellen. Die Zwiebel schälen, in sehr feine Ringe schneiden, die Tomaten waschen, abtrocknen und vierteln. Bohnen in mundgerechte Stücke teilen. Die hart gekochten Eier pellen und vierteln. Die Anchovisfilets aus dem Wasser nehmen, abtrocknen und halbieren. Die Salatblätter unter kaltem Wasser abwaschen, trockenschleudern und zerzupfen.

Zubereitung

Eine entsprechend große Salatschüssel mit der Knoblauchzehe ausreiben und alle Zutaten hineingeben. Aus Öl, Essig, Salz und Pfeffer eine Marinade rühren, erst unmittelbar vor dem Servieren über den Salat geben und alle Zutaten vorsichtig miteinander mischen.

Servieren

Den Salat sofort zu Tisch bringen und frische geröstete Weißbrotscheiben dazu reichen.

ZUTATEN

12 Anchovisfilets
1 große Gemüsezwiebel
4 Tomaten
250 g gekochte grüne Bohnen
4 hart gekochte Eier
3 Blätter Römersalat
1 Knoblauchzehe
6 schwarze entkernte Oliven
6 grüne entkernte Oliven
5 El Olivenöl
2 El Weinessig
Salz
Weißer Pfeffer aus der Mühle
1 Bund gehackte Petersilie

INFO

Der Salat kann zu einer Hauptmahlzeit aufgewertet werden, wenn man noch Thunfisch und gekochte Kartoffelscheiben dazu reicht.

HASENTERRINE

Für 4 Personen
Zubereitungszeit: 30 Min./Brat- & Backzeit: 60 Min.

ZUTATEN

1 kg Hasenfleisch
1 Bund Suppengrün
1 Bund Petersilie
50 g Schweineschmalz
2 cl Cognac
100 g geräucherter, fetter
Speck
2 große Zwiebeln
2 El Portwein
Salz
Schwarzer Pfeffer
aus der Mühle
1 Tl zerriebener Majoran
10 Scheiben dünn
geschnittener, fetter
Räucherspeck

Vorbereitung

Das Hasenfleisch unter fließendem Wasser abspülen und abtrocknen. Das Fleisch sorgfältig häuten, die Knochen herauslösen und klein schneiden. Das Suppengrün waschen, putzen und klein schneiden. Die Petersilie abspülen, trockentupfen und fein hacken.

Zubereitung

Das Schmalz in einer Pfanne erhitzen und das Hasenfleisch mit dem geputzten Suppengrün und der Petersilie darin 15 Minuten anbraten. Wenn das Fleisch rundum gebräunt ist, den Cognac angießen und verdampfen lassen. Den Speck würfeln, etwa 2 El in einer Pfanne auslassen und den Rest beiseite stellen. Die Zwiebeln schälen, fein würfeln und im zerlassenen Speck glasig anschwitzen. Die Zwiebel-Speck-Masse zum Fleisch geben und den Portwein angießen. Alles sorgfältig mitein-

ander mischen und zweimal durch die feinste Scheibe des Fleischwolfs drehen. Die restlichen Speckwürfel zu der Fleischmasse geben, alles kräftig mit Salz und Pfeffer würzen, den Majoran zugeben und alles nochmals gut miteinander mischen. Eine feuerfeste Terrine am Boden und an den Seitenwänden mit den Speckscheiben auslegen, die Fleischmasse zugeben und glatt streichen. Die Terrine mit Alufolie abdecken und im auf 220 °C vorgeheizten Backofen 45 Minuten backen. 15 Minuten vor Ende der Garzeit die Alufolie entfernen und die Oberfläche bräunen lassen.

Servieren

Die Terrine aus dem Backofen nehmen, auf eine Platte stürzen und auskühlen lassen. Die gewünschte Anzahl von Scheiben abschneiden und als Vorspeise servieren.

INFO

Die Terrine hält sich im Kühlschrank mehrere Tage.

16

ARTISCHOCKENSALAT

ARTISCHOCKENSALAT

Für 4 Personen
Zubereitungszeit: 20 Min. (ohne Wartezeit)/Kochzeit: 35 Min.

Vorbereitung

Die Artischocken waschen, die oberen Blattspitzen abscheiden und in Salzwasser 35 Minuten garen. Die Blätter und das Heu entfernen und die Artischockenböden in feine Streifen schneiden.

Zubereitung

Die Tomaten kreuzweise einschneiden, überbrühen und die Haut abziehen. Den grünen Stielansatz entfernen und die Tomaten achteln. Die Paprikaschote halbieren, die Kerne und die weißen Häutchen entfernen und in Würfel schneiden. Die Knoblauchzehe schälen und die Salatschüssel damit einreiben. Artischockenherzen und Tomatenschnitze in die Schüssel geben. Olivenöl, Essig, Pfeffer und Zucker miteinander mischen, über den Salat geben und im Kühlschrank 30 Minuten ziehen lassen.

Servieren

Den Salat kurz vor dem Servieren mit der Petersilie bestreuen und mit geröstetem Weißbrot und einem frischen Glas Roséwein servieren.

ZUTATEN

6 Artischocken
1 Tl Salz
4 Tomaten
1 rote Paprikaschote
1 Knoblauchzehe
4 El Olivenöl
2 El Essig
Schwarzer Pfeffer
aus der Mühle
1 Prise Zucker
3 El gehackte
glatte Petersilie

INFO

Artischocken sind sehr gesund, da sie kaum Fett und kein Cholesterin beinhalten.

19

GRATINIERTE ZWIEBELSUPPE

FRANZÖSISCHE OCHSENSCHWANZSUPPE

PROVENZALISCHE KNOBLAUCHSUPPE

PROVENZALISCHER GEMÜSETOPF

BOUILLABAISSE

RINDERBOUILLON

KÄSESUPPE

Suppen & Eintöpfe

GRATINIERTE ZWIEBELSUPPE

GRATINIERTE ZWIEBELSUPPE

Für 4 Personen
Zubereitungszeit: 20 Min./Koch-, Brat- & Backzeit: 1 ¼ Std.

Vorbereitung

Die Zwiebeln schälen, in feine Ringe schneiden, Knoblauchzehen schälen und die Zehen zerdrücken. Die Butter in einem Topf zerlassen und die Zwiebelringe mit dem Knoblauch 5 Minuten goldgelb anschwitzen.

Zubereitung

Die heiße Fleischbrühe und den Wein angießen, mit Pfeffer und Salz würzen. Die Suppe bei mäßiger Hitze 45 Minuten köcheln lassen. In der Zwischenzeit die Rinde vom Toastbrot entfernen und die Scheiben in Würfel schneiden. Butter in einer Pfanne zerlassen und die Brotwürfel darin goldbraun rösten. Die Suppe in Suppentassen geben, je eine Portion Brotwürfel darauf verteilen und den Käse darüber streuen. Im auf 200 °C vorgeheizten Backofen etwa 15 Minuten überbacken, bis der Käse eine goldbraune Kruste gebildet hat.

Servieren

Die Zwiebelsuppe noch heiß zu Tisch bringen und aufgeschnittenes Baguette dazu reichen.

ZUTATEN

2 große Gemüsezwiebeln
2 Knoblauchzehen
2 El Butter
1 l Fleischbrühe
250 ml Weißwein
Weißer Pfeffer
aus der Mühle
Salz
4 Scheiben altbackenes
Toastbrot
1 El Butter
100 g geriebener Käse

INFO

Zwiebelschneiden ist eine weniger tränentreibende Angelegenheit, wenn man ein besonders scharfes Messer benutzt. Auf diese Weise tritt weniger Saft aus.

FRANZÖSISCHE OCHSENSCHWANZ- SUPPE

OCHSENSCHWANZSUPPE

Für 4 Personen
Zubereitungszeit: 30 Min./Koch- & Bratzeit: 2 ¼ Std.

ZUTATEN

500 g Ochsenschwanz
1 Zwiebel
1 Möhre
¼ Sellerieknolle
50 g fetter Speck
Salz
Weißer Pfeffer
aus der Mühle
1 Lorbeerblatt
1 Tl Thymian
30 g feine Graupen
125 ml Weißwein
1 Bund Petersilie

Vorbereitung

Den Ochsenschwanz in etwa 3 cm große Stücke teilen, unter fließendem Wasser gründlich abspülen und trockentupfen. Zwiebel, Möhre und Sellerie putzen und fein würfeln. Den Speck in große Würfel schneiden und in einem Bräter auslassen.

Zubereitung

Die Ochsenschwanzstücke und das Gemüse zugeben und alles unter ständigem Rühren 10 Minuten anbraten. 1 ½ l heißes Wasser angießen, mit Salz und Pfeffer würzen und das Lorbeerblatt und den Thymian zugeben. Mit geschlossenem Deckel 1 ½ Stunden köcheln lassen. Nach Ende der Garzeit die Suppe durch ein Sieb geben, entfetten und das Gemüse entfernen. Noch einmal aufwallen lassen, die Graupen und den Wein zugeben und weitere 30 Minuten kochen lassen. In der Zwischenzeit das Fleisch von den Knochen lösen und 10 Minuten vor Ende der Garzeit in die Suppe geben.

Servieren

Die Ochsenschwanzsuppe in eine vorgewärmte Suppenterrine geben, mit Petersilienblättchen bestreuen und sofort zu Tisch bringen.

INFO

Ochsenschwanz lässt sich auch hervorragend zu einem deftigen Ragout verarbeiten.

24

PROVENZALISCHE KNOBLAUCHSUPPE

Für 4 Personen
Zubereitungszeit: 15 Min./Koch- & Bratzeit: 25 Min.

Vorbereitung

Die Tomaten kreuzweise einschneiden, mit heißem Wasser überbrühen, häuten und würfeln. Die Knoblauchzehen und die Schalotten schälen und sehr fein hacken. Petersilie unter fließendem Wasser abspülen, trockentupfen und hacken. Die Champignons putzen und in feine Blättchen schneiden.

Zubereitung

Das Olivenöl in einem Topf erhitzen, Knoblauch, Schalotten, Tomaten und Champignons zugeben und 15 Minuten anschwitzen. Die heiße Fleischbrühe angießen und alles kurz aufkochen lassen. Mit Salz, Pfeffer, Zitronensaft und Zucker abschmecken.

Servieren

Die Knoblauchsuppe auf vorgewärmte Suppenteller verteilen, frisches Baguette dazu reichen und heiß servieren.

ZUTATEN

4 Tomaten
8 Knoblauchzehen
4 Schalotten
½ Bund glatte Petersilie
100 g Champignons
5 El Olivenöl
1 l Fleischbrühe
Salz
Schwarzer Pfeffer
aus der
Mühle
2 El Zitronensaft
1 Prise Zucker

KNOBLAUCHSUPPE

INFO

Man kann die Suppe noch verfeinern, indem man kurz vor dem Servieren geriebenen Käse darüber streut.

PROVENZALISCHER GEMÜSETOPF

Für 4 Personen
Zubereitungszeit: 35 Min./Kochzeit: 1 Std.

ZUTATEN

3 Auberginen
5 Zucchini
3 grüne Paprikaschoten
3 rote Paprikaschoten
4 Tomaten
1 Gemüsezwiebel
3 Knoblauchzehen
250 ml Olivenöl
Salz
Weißer Pfeffer
aus der Mühle

INFO

Wer den Aufwand nicht scheut, kann auch jedes Gemüse gesondert zubereiten. Das Gericht wird dadurch noch pikanter.

Vorbereitung

Die Auberginen und die Zucchini waschen und in Scheiben schneiden. Die Paprikaschoten entkernen, die weißen Häutchen entfernen und in dünne Streifen schneiden. Die Tomaten kreuzweise einschneiden, mit heißem Wasser überbrühen, abziehen und vierteln. Die Zwiebel schälen und fein hacken. Die Knoblauchzehen schälen und mit einem Messer zerdrücken.

Zubereitung

Das Olivenöl in einem Topf erhitzen und die Zwiebelstücke mit dem Knoblauch darin goldgelb anschwitzen. Das restliche Gemüse zugeben, ein Glas Wasser angießen und alles kräftig mit Salz und Pfeffer würzen. Mit geschlossenem Deckel 1 Stunde garen lassen.

Servieren

Den Gemüsetopf noch heiß zu Tisch bringen und Lammkoteletts dazu reichen.

BOUILLABAISSE

Für 10 Personen
Zubereitungszeit: 40 Min./Koch- & Bratzeit: 45 Min.

ZUTATEN

3 kg Mittelmeerfische
(Seeteufel, Petersfisch,
Drachenkopf, Rotbrasse,
Knurrhahn usw.)
2 große Krebse
2 Stangen Lauch
2 große Zwiebeln
4 zerdrückte
Knoblauchzehen
100 ml Olivenöl
5 Tomaten
1 Lorbeerblatt
3 Zweige Fenchel
1 Zweig Thymian
1 El gehackte Petersilie
1 Streifen unbehandelte
Orangenschale
1 g Safran
Salz
Schwarzer Pfeffer
aus der Mühle
10 Scheiben Bauernbrot

INFO

*Zur Bouillabaisse reicht man
Aioli oder eine Rouille.*

Vorbereitung

*Fische und Krebse küchenfertig
vorbereiten, größere Fische in
Portionsstücke schneiden. Lauch
und Zwiebeln putzen und in
Stücke schneiden. Mit dem
Knoblauch zusammen in einem
Topf mit der Hälfte des
Olivenöls andünsten, aber nicht
bräunen.*

Zubereitung

*Die Tomaten enthäuten und wür-
feln. Die Kräuter waschen und
mit den Tomaten zu der Lauch-
Zwiebel-Mischung geben. Alles
zusammen etwa 20 Minuten
dünsten. Erst die Krebse und
dann die Fische mit festerem
Fleisch auf das Gemüse legen,
würzen und mit dem restlichen
Olivenöl übergießen. Mit kochendem Wasser aufgießen, so dass die
Fische eben bedeckt sind. 10
Minuten kochen lassen und dann
die Fische mit dem zarteren
Fleisch hinzufügen. Weitere 10
Minuten köcheln lassen.*

Servieren

*Fische und Krebse auf einer vor-
gewärmten Platte anrichten. In
jeden Teller eine Scheibe
Bauernbrot legen und die Suppe
darüber gießen.*

RINDERBOUILLON

Für 4 Personen
Zubereitungszeit: 20 Min./Kochzeit: 2 ¾ Std.

Vorbereitung

Die Markknochen unter fließendem Wasser abspülen, in 1 ½ l kaltem Wasser zum Kochen bringen, abschäumen und 10 Minuten köcheln lassen. In der Zwischenzeit das Fleisch kalt abwaschen und abtrocknen. Das Gemüse putzen und klein schneiden.

Zubereitung

Fleisch und Gemüse in den Topf geben mit Salz und Pfeffer würzen und das Lorbeerblatt zugeben. Die Suppe bei mäßiger Hitze 2 ½ Stunden köcheln lassen. Während der Kochzeit immer wieder abschäumen. Nach Ende der Kochzeit Fleisch und Knochen aus der Suppe nehmen, alles durch ein Sieb gießen und das Gemüse entfernen. Die klare Bouillon abschmecken und gegebenenfalls entfetten.

Servieren

Die Bouillon in vorgewärmte Suppentassen geben und mit Petersilienblättchen garnieren.

ZUTATEN

250 g Rindermarkknochen
250 g Suppenfleisch
(Rinderbeinscheibe)
1 Zwiebel
1 Stange Lauch
¼ Sellerieknolle
1 Möhre
Salz
Weißer Pfeffer
aus der Mühle
1 Lorbeerblatt
2 El Petersilienblättchen

RINDERBOUILLON

INFO

Wer will, kann die Bouillon mit verschiedenen Einlagen wie Backerbsen, Nudeln, Markbällchen oder dem klein geschnittenen Suppenfleisch verfeinern.

29

KÄSESUPPE

Für 4 Personen
Zubereitungszeit: 15 Min./Koch- & Backzeit: 35 Min.

Vorbereitung

Die Zwiebeln schälen und fein hacken, 3 El Butter in einem Topf erhitzen und die Zwiebeln darin glasig anschwitzen. Das Lorbeerblatt zugeben und die heiße Geflügelbrühe angießen.

Zubereitung

Das Mehl mit 2 El Butter verkneten und in die Suppe einrühren. Alles etwa 10 Minuten köcheln lassen und mit Salz und Pfeffer würzen. Das Lorbeerblatt entfernen und den Parmesan in die Suppe einrühren. Die Rinde vom Weißbrot entfernen und die Brotscheiben knusprig braun toasten. Die Suppe in 4 feuerfeste Suppentassen füllen, jeweils eine Scheibe Toast und Käse darauf legen und im auf 200 °C vorgeheizten Backofen überbacken.

Servieren

Die Käsesuppe vor dem Servieren mit Schnittlauchröllchen garnieren und sofort servieren.

ZUTATEN

3 Zwiebeln
5 El Butter
1 Lorbeerblatt
1 l Geflügelbrühe
2 El Mehl
Salz
Weißer Pfeffer
aus der Mühle
50 g Parmesankäse
4 Scheiben Weißbrot
4 Scheiben Emmentaler
2 El Schnittlauchröllchen

INFO

Die Käsesuppe eignet sich gut als Zwischengericht oder als Mitternachtsimbiss bei einer ausgedehnten Party.

GEFÜLLTER FENCHEL

KARTOFFELN LYONER ART

CHAMPIGNONS IN RAHMSOSSE

GEBACKENER CHICORÉE

KARTOFFELGRATIN

GEMÜSEGERICHTE

Gefüllter Fenchel

GEFÜLLTER FENCHEL

Für 4 Personen
Zubereitungszeit: 30 Min./Kochzeit: 45 Min.

Vorbereitung

Die Fenchelknollen putzen und welke oder holzige Blattschichten entfernen. Das Wurzelende teilweise entfernen und etwas Fenchelgrün beiseite stellen. 1 l Wasser mit Zitronensaft zum Kochen bringen und die Fenchelknollen 15 Minuten darin kochen. Die Knollen aus dem Wasser heben, halbieren, die Herzblätter herausnehmen und klein hacken.

Zubereitung

Den gehackten Fenchel mit dem Hackfleisch mischen. Die Zwiebel schälen, klein schneiden und mit dem Ei und dem Paniermehl zu der Hackfleischmasse geben, salzen, pfeffern und alles gut miteinander mischen. Die Fleischmasse in die ausgehöhlten Fenchelknollen füllen, je zwei Hälften aufeinander setzen und mit Küchengarn umwickeln. Die Butter in einem Topf erhitzen und den Fenchel darin anbraten. Die Fleischbrühe angießen und mit geschlossenem Deckel 20 Minuten garen.

Servieren

Den Fenchel aus dem Topf heben, das Küchengarn entfernen, in eine Schüssel geben, mit der Brühe begießen und mit dem klein geschnittenen Fenchelgrün garnieren.

ZUTATEN

4 Fenchelknollen
Saft einer Zitrone
Salz
50 g gemischtes Hackfleisch
1 Zwiebel
1 Ei
2 El Paniermehl
Weißer Pfeffer
aus der Mühle
50 g Butter
250 ml Fleischbrühe

INFO

Fenchel eignet sich besonders gut als Würzmittel bei Fischgerichten.

KARTOFFELN LYONER ART

Für 4 Personen
Zubereitungszeit: 30 Min. (ohne Wartezeit)/Koch- & Bratzeit: 15 Min.

ZUTATEN

1 kg Kartoffeln
3 Zwiebeln
100 g Butter
2 El Olivenöl
Salz
Weißer Pfeffer
aus der Mühle
½ Bund glatte Petersilie

Vorbereitung

Die Kartoffeln am Vortag in Salzwasser in 20–25 Minuten gar kochen. Abgießen, auskühlen lassen und pellen.

Zubereitung

Die Kartoffeln in Scheiben schneiden, die Zwiebeln schälen und in dünne Ringe schneiden. Die Butter und das Öl in einer Pfanne erhitzen, Zwiebelringe und Kartoffelscheiben hineingeben, mit Salz und Pfeffer kräftig würzen und etwa 10 Minuten goldbraun braten. In der Zwischenzeit die Petersilie unter fließendem Wasser abspülen, trockentupfen, hacken, zu den Kartoffeln geben und einige Minuten mit braten.

Servieren

Die Kartoffeln in der Pfanne zu Tisch bringen und einen grünen Salat dazu reichen.

INFO

Glatte Petersilie ist in Frankreich weit verbreitet und aromatischer als ihre krause Verwandte.

Champignons in Rahmsosse

CHAMPIGNONS IN RAHMSOSSE

Für 4 Personen
Zubereitungszeit: 15 Min. /Koch- & Bratzeit: 20 Min.

Vorbereitung

Die Champignons putzen und in feine Scheiben schneiden. Schalotten und die Knoblauchzehe schälen und fein hacken.

Zubereitung

Die Butter erhitzen, Schalotten und die Knoblauchzehe anschwitzen, die Champignons zugeben und alles 15 Minuten dünsten. Mit Zitronensaft, Salz und Pfeffer abschmecken und etwas Wasser zugeben. Die Kartoffelstärke mit kaltem Wasser verrühren, die Pilze damit binden und die Sahne unterziehen. Alles noch mal erhitzen, aber nicht mehr kochen lassen.

Servieren

Die Rahmchampignons als Beilage zu Kalbsfilet oder gedünstetem Fisch reichen.

ZUTATEN

500 g frische Champignons
3 Schalotten
1 Knoblauchzehe
30 g Butter
2 El Zitronensaft
Salz
Weißer Pfeffer
aus der Mühle
1 Tl Kartoffelstärke
250 ml Sahne

INFO

Die meisten Champignons stammen heute aus großen unterirdischen Zuchtanlagen und finden in der Küche vielfältige Verwendung.

GEBACKENER CHICORÉE

Für 4 Personen
Zubereitungszeit: 15 Min./Koch- & Bratzeit: 25 Min.

ZUTATEN

4 Chicorée-Stauden
Salz
2 El Zitronensaft
2 Eigelbe
4 El Paniermehl
100 g Butter

Vorbereitung

Chicorée waschen, eventuell beschädigte, äußere Blätter entfernen und den bitteren Kern keilförmig rausschneiden.

Zubereitung

1 l Wasser aufsetzen, salzen, Zitronensaft zugeben und zum Kochen bringen. Die Chicorée-Stauden hineingeben und 10 Minuten gar kochen. Die Stauden aus dem Wasser nehmen und abtropfen lassen. Die Eigelbe verquirlen und den Chicorée zuerst im Eigelb und dann in Paniermehl wenden. Die Butter in einer Pfanne erhitzen und die Chicorée-Stauden rundum goldbraun braten.

Servieren

Chicorée auf vorgewärmten Tellern anrichten und Kalbsschnitzel Pariser Art oder Cordon bleu dazu reichen.

INFO

Chicorée lässt sich auf vielfältige Art auch als Salat zubereiten.

GEBACKENER CHICORÉE

KARTOFFELGRATIN

KARTOFFELGRATIN

Für 4 Personen
Zubereitungszeit: 20 Min./Koch- & Bratzeit: 1 ¼ Std.

Vorbereitung

Die Kartoffeln schälen, waschen
und in dünne Scheiben schneiden oder hobeln. Den
Knoblauch schälen, halbieren
und eine feuerfeste Form damit
ausreiben.

Zubereitung

Die Kartoffelscheiben dachzie-
gelartig in die Form schichten.
Die Eier aufschlagen und mit
der Crème fraîche und der Milch
verrühren und mit Salz, Pfeffer
und Muskatnuss würzen. Die
Masse über die Kartoffeln gießen
und im Ofen 1 ¼ Stunden bak-
ken.

Servieren

Das Gratin in der feuerfesten
Form zu Tisch bringen und in
Portionen teilen.

ZUTATEN

1 kg Kartoffeln
1 Knoblauchzehe
3 Eier
250 ml Crème fraîche
250 ml Milch
Salz
Pfeffer
aus der Mühle
1 Prise Muskatnuss

INFO

*Kartoffelgratin ist eine ideale
Beilage zu allen Fleisch-
gerichten und kann auch
zusätzlich noch mit Birnen
oder Äpfeln variiert werden.*

Cordon bleu

Lammragout

Bäckerofen

Nierenragout

Pfeffersteak

Provenzalische Lammkoteletts

Burgunderbraten

Kalbsschnitzel Pariser Art

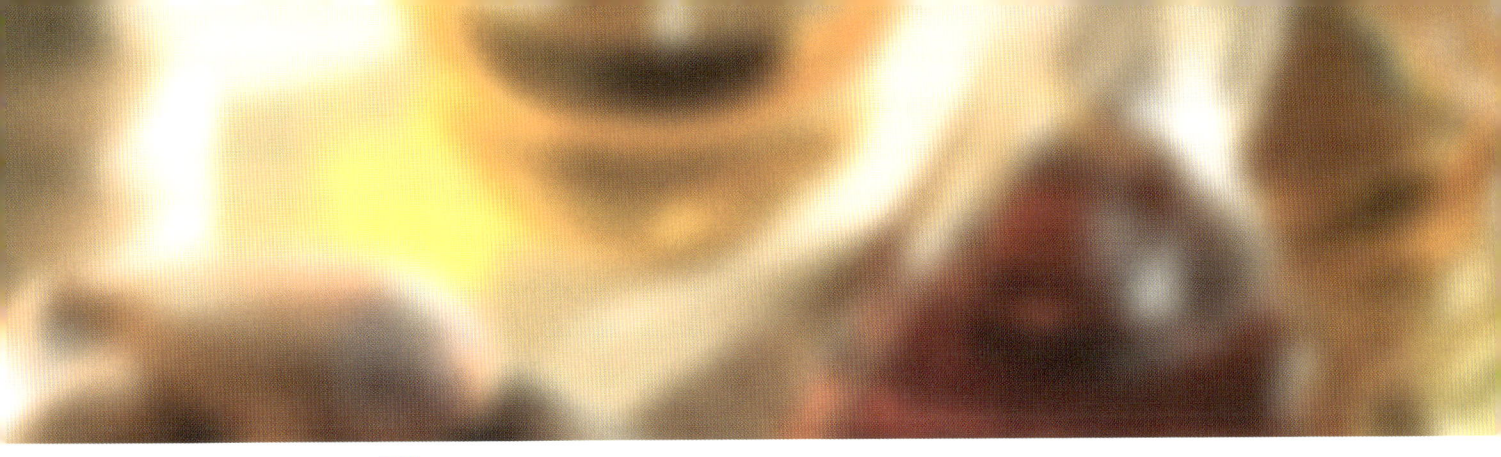

FLEISCHGERICHTE

CORDON BLEU

CORDON BLEU

Für 4 Personen
Zubereitungszeit: 20 Min./Bratzeit: 15 Min.

Vorbereitung

Die Schnitzel waschen, abtrocknen und mit einem scharfen Messer jeweils eine Tasche einschneiden. Mit Salz und Pfeffer würzen, jeweils eine Scheibe Schinken und Käse in die Öffnung geben und mit einem Holzstäbchen verschließen. Die Schnitzel zuerst im Mehl, dann in den verquirlten Eiern und im Paniermehl wenden.

Zubereitung

Das Fett in einer ausreichend großen Pfanne erhitzen und die Schnitzel darin von beiden Seiten etwa 15 Minuten braten.

Servieren

Die Schnitzel auf vorgewärmten Tellern anrichten und mit Zitronenachteln und einigen Salatblättern garnieren.

ZUTATEN

4 Kalbsschnitzel
(etwa 2 cm dick)
Salz
Weißer Pfeffer
aus der Mühle
4 Scheiben gekochter
Schinken
4 Scheiben Gouda
2 El Mehl
2 Eier
4 El Paniermehl
50 g Bratfett

INFO

Cordon bleu ist nach einer französischen Küchenauszeichnung, dem »Blauen Band«, benannt.

LAMMRAGOUT

Für 4 Personen
Zubereitungszeit: 45 Min./Koch- & Bratzeit: 2 Std.

LAMMRAGOUT

ZUTATEN

750 g Lammschulter
6 El Olivenöl
Salz
Schwarzer Pfeffer
aus der Mühle
8 Schalotten
250 g Möhren
2 Kohlrabi
1 Knoblauchzehe
2 El Mehl
1 Lorbeerblatt
250 ml Wein
250 ml Fleischbrühe
300 g Kartoffeln
2 El gehackte Petersilie

Vorbereitung

Das Fleisch unter fließendem Wasser abspülen, trockentupfen und in mundgerechte Stücke schneiden. Das Olivenöl in einem Bräter erhitzen und das Fleisch anbraten. Mit Salz und Pfeffer würzen. Schalotten, Möhren und Kohlrabi waschen, putzen, in Stücke schneiden und ebenfalls mit anbraten. Knoblauchzehe schälen, zerdrücken und dazugeben. Alles mit Mehl bestäuben, das Lorbeerblatt zugeben und den Wein und die Fleischbrühe angießen.

Zubereitung

Bei leichter Hitze 1 ½ Stunden köcheln lassen. In der Zwischenzeit Kartoffeln schälen, waschen und in Stücke schneiden. Nach Ende der Garzeit zu dem Fleisch geben und eine weitere halbe Stunde garen lassen.

Servieren

Das Ragout in eine vorgewärmte Schüssel geben, mit Petersilie bestreuen und sofort servieren. Dazu schmeckt ein Glas kräftiger Rotwein.

INFO

Mit dem Lammragout ist es wie mit einem leckeren Eintopf: Aufgewärmt schmeckt es am nächsten Tag noch mal so gut.

BÄCKEROFEN

Für 4 Personen
Zubereitungszeit: 45 Min./Koch- & Backzeit: 1 ½ Std.

BÄCKEROFEN

ZUTATEN

500 g Schweineschulter
500 g Lammschulter
2 große Zwiebeln
500 g Kartoffeln
1 Tl Schweineschmalz
Salz
Schwarzer Pfeffer
aus der Mühle
50 g Butter
250 ml Weißwein

Vorbereitung

Schweinefleisch und Lamm-fleisch unter fließendem Wasser abwaschen, abtrocknen, die Knochen entfernen und alles in mundgerechte Stücke schneiden. Zwiebeln und Kartoffeln schälen und in Scheiben schneiden.

Servieren

Den Bäckerofen in der feuerfes-ten Form zu Tisch bringen und ein kühles Bier dazu reichen.

Zubereitung

Eine feuerfeste Form mit dem Schweineschmalz einfetten, eine Lage Zwiebelscheiben und eine Lage Kartoffeln einschichten. Eine Lage Fleisch darauf geben und so verfahren, bis alle Zutaten aufgebraucht sind. Jede Schicht kräftig salzen, pfeffern und alles mit einer Lage Kar-toffeln abschließen. Die Butter in Flöckchen auf der letzten Kartoffelschicht verteilen und den Weißwein angießen. Das Gericht in den auf 200 °C vorgeheizten Backofen stellen und mit geschlossenem Deckel 1 ½ Stunden garen.

INFO

Bäckerofen stammt aus dem Elsass und hat seinen Namen deshalb, weil man es beim Bäcker ließ im Backofen backen ließ.

NIERENRAGOUT

Für 4 Personen
Zubereitungszeit: 30 Min. (ohne Wartezeit)/Koch- & Bratzeit: 35 Min.

Vorbereitung

Die Nieren längs aufschneiden und von allen Häuten, Röhren und Fett befreien. Die Nierenhälften für 1 Stunde in kaltem Wasser wässern, herausnehmen, sorgfältig trockentupfen und in mundgerechte Streifen schneiden. Die Schalotten schälen und fein hacken.

Zubereitung

Die Butter in einem Topf erhitzen und die Schalotten darin anschwitzen, Nieren zugeben und das Mehl darüber stäuben. 125 ml heißes Wasser angießen und kräftig mit Salz und Pfeffer würzen. Mit geschlossenem Deckel 15 Minuten köcheln lassen. In der Zwischenzeit die Tomaten einschneiden, mit heißem Wasser überbrühen, häuten, vierteln und entkernen. Die Tomaten würfeln, zu den Nieren geben und weitere 20 Minuten mitkochen lassen. Die Petersilie unter fließendem Wasser abspülen, trockenschütteln und fein hacken. Den Rotwein zugeben und alles nochmals kurz aufkochen lassen.

Servieren

Die Nieren in eine vorgewärmte Terrine geben, mit der Petersilie bestreuen und noch heiß servieren.

ZUTATEN

1 kg Kalbsnieren
5 Schalotten
50 g Butter
2 El Mehl
Salz
Weißer Pfeffer
aus der Mühle
2 große Tomaten
1 Bund Petersilie
2 El Rotwein

NIERENRAGOUT

INFO

Nierenragout ist eine französische Spezialität. Man sollte Nieren aber nicht zu häufig genießen, da sie besonders von älteren Tieren oft größere Mengen an Blei und Kadmium gespeichert haben.

Pfeffersteak

PFEFFERSTEAK

Für 4 Personen
Zubereitungszeit: 20 Min./Koch- & Bratzeit: 10 Min.

Vorbereitung

Die Filetsteaks mit Küchenpapier abtupfen, den Pfeffer in einem Mörser grob zerstoßen und die Steaks von beiden Seiten damit einreiben. Die Schalotten schälen und fein hacken.

Zubereitung

Das Bratfett in einer Pfanne rauchheiß erhitzen und die Steaks von beiden Seiten je 3 Minuten braten. Die Steaks salzen, den Cognac darüber gießen, anzünden, aus der Pfanne nehmen und warm stellen. Die Schalotten in das verbliebene Fett geben und goldbraun anschwitzen, Tomatenketchup unterarbeiten, mit Worcestersoße abschmecken und die Kräuterbutter unterrühren.

Servieren

Die Pfeffersteaks auf vorgewärmten Tellern anrichten und die Soße getrennt dazu reichen.

ZUTATEN

4 Filetsteaks (je 200 g)
4 El schwarzer Pfeffer
4 Schalotten
40 g Bratfett
Salz
4 cl Cognac
1 Msp. Fleischextrakt
1 El Tomatenketchup
2 Tropfen Worcestersoße
40 g Kräuterbutter

INFO

Anstelle der schwarzen Pfefferkörner kann man auch frische grüne Pfefferkörner verwenden, die jedoch in einer Sahnesoße zubereitet werden.

53

PROVENZALISCHE LAMMKOTELETTS

Für 4 Personen
Zubereitungszeit: 25 Min./Bratzeit: 20 Min.

PROVENZALISCHE LAMMKOTELETTS

ZUTATEN

8 Lammkoteletts
Salz
Schwarzer Pfeffer
aus der Mühle
4 El Olivenöl
100 g Schalotten
2 Knoblauchzehen
1 grüne Paprikaschote
1 rote Paprikaschote
4 Tomaten

INFO

Lammfleisch stammt von Tieren im Alter bis höchstens einem Jahr. Das Fleisch von älteren Tieren, Hammelfleisch, entwickelt ein starkes, penetrantes Aroma und wird nicht besonders geschätzt.

Vorbereitung

Die Lammkoteletts unter fließendem Wasser abwaschen und trockentupfen. Den Fettrand mit einem scharfen Messer mehrfach einschneiden. Die Koteletts salzen und pfeffern.

Zubereitung

2 El Öl in einer Pfanne erhitzen und die Lammkoteletts bei starker Hitze auf beiden Seiten 5 Minuten anbraten, aus der Pfanne nehmen und warm stellen. Das Fleisch sollte innen noch rosa gefärbt sein. Schalotten und Knoblauch schälen und klein schneiden. Die Paprikaschoten waschen, Stielansatz und Kerne entfernen und in dünne Scheiben schneiden. Die Tomaten kreuzweise einschneiden, mit heißem Wasser überbrühen, die Haut abziehen, den Stielansatz entfernen und die Tomaten klein schneiden. Das restliche Öl in einem Bräter erhitzen und alles darin 10 Minuten schmoren lassen. Mit Salz und Pfeffer kräftig abschmecken. Die Lammkoteletts auf dem Gemüse verteilen und alles nochmals 5 Minuten ziehen lassen.

Servieren

Die Lammkoteletts im Bräter servieren und eine Scheibe Landbrot und einen kräftigen Rotwein dazu reichen.

BURGUNDERBRATEN

Für 4 Personen
Zubereitungszeit: 30 Min./Koch- & Bratzeit: 1 ½ Std.

BURGUNDERBRATEN

ZUTATEN

1 kg Rinderschmorbraten
Salz
Schwarzer Pfeffer
aus der Mühle
20 g Butter
50 g durchwachsener
Räucherspeck
250 g Champignons
30 g Kartoffelstärke
1 Glas Burgunder

Vorbereitung

Das Fleisch unter fließendem Wasser kalt abspülen, abtrocknen und salzen und pfeffern. Die Butter in einem ausreichend großen Topf erhitzen und das Fleisch rundum anbraten. Den Speck würfeln und im Fleischtopf glasig anschwitzen. Eine Tasse warmes Wasser angießen und alles 60 Minuten schmoren lassen.

Zubereitung

In der Zwischenzeit die Champignons putzen, klein schneiden, zu dem Fleisch geben und nochmals 30 Minuten garen lassen. Den Braten herausnehmen, warm stellen und den Schmorsaft mit in kaltem Wasser angerührter Kartoffelstärke binden. Nochmals kurz aufkochen lassen und mit dem Rotwein abschmecken.

Servieren

Das Fleisch in Scheiben schneiden, auf einer vorgewärmten Fleischplatte anrichten und mit der Soße übergießen.

INFO

Man kann den Braten auch über Nacht im Burgunder marinieren lassen.

KALBSSCHNITZEL PARISER ART

Für 4 Personen
Zubereitungszeit: 20 Min./Bratzeit: 15 Min.

Vorbereitung

Die Schnitzel unter fließendem Wasser abspülen, trockentupfen, zwischen Plastikfolie möglichst flach klopfen und anschließend salzen.

Zubereitung

Die Schnitzel zuerst im Mehl und dann in den verquirlten Eiern wenden, von denen möglichst viel am Fleisch haften bleiben soll. Die Butter in einer ausreichend großen Pfanne erhitzen und die Schnitzel etwa 15 Minuten von beiden Seiten goldbraun braten.

Servieren

Die Schnitzel auf vorgewärmten Tellern platzieren und mit einem Zitronenviertel garnieren.

ZUTATEN

4 Kalbsschnitzel
Salz
3 El Mehl
2 Eier
3 El Butter

KALBSSCHNITZEL PARISER A

INFO

Die Kalbsschnitzel schmekken auch gut am nächsten Tag kalt zu einer Scheibe Weißbrot.

57

ORANGENENTE

WILDSCHWEINPFEFFER

POULARDE MIT WEINTRAUBEN

KANINCHEN IN SENFSOSSE

GÄNSELEBER MIT ORANGEN

ENTENBRUST MIT KIRSCHEN

GÄNSEBRATEN MIT MARONEN

HÄHNCHEN IN BURGUNDER

WACHTELN IN WEINBLÄTTERN

ESTRAGON-HÄHNCHEN

Wild & Geflügel

ORANGENENTE

ORANGENENTE

Für 4 Personen
Zubereitungszeit: 30 Min./Koch- & Bratzeit: 1 Std.

ZUTATEN

1 Ente (1–1,5kg)
Salz
Weißer Pfeffer
aus der Mühle
1 Tl Majoran
6 Orangen
1 El Zucker
1 El Essig
1 Glas Portwein
2 Tl Kartoffelstärke

INFO

*Enten sind sehr fetthaltig
und benötigen deshalb beim
Anbraten kein zusätzliches
Fett.*

Vorbereitung

*Die ausgenommene Ente sorg-
fältig mit kaltem Wasser abwaschen, trockenreiben, innen und
außen salzen und pfeffern und
den Majoran in das Innere geben.*

Zubereitung

*Die Ente mit der Brust nach
unten auf den Bratenrost legen.
Die Fettpfanne mit 250 ml kochendem Wasser füllen, die Ente
darüber in den auf 220 °C vorgeheizten Backofen stellen und
1 Stunde garen. Nach den ers-
ten 20 Minuten Bratzeit die
Ente wenden und das ausgetre-
tene Fett abschöpfen. 2 Orangen
dünn schälen und die Schale in
feine Streifen schneiden. In einen
Topf geben, mit Wasser bedecken, 20 Minuten köcheln lassen, durch ein Sieb abgießen und
abtropfen lassen. Den Zucker
zerlassen, die Orangenstreifen
darin hellbraun karamellisieren
lassen und mit Essig und Wasser*

*ablöschen. Den Bratensaft sorg-
fältig entfetten und mit dem auf-
gelösten Zucker, den Orangen-
schalen und dem Portwein zugeben. Den Saft von einer ausge-
pressten Orange mit der Kartoffelstärke verrühren und die Soße
damit binden. Die restlichen
Orangen schälen und die Oran-
genspalten mit einem scharfen
Messer so aus den Kammern
schneiden, dass die Haut zu-
rückbleibt.*

Servieren

*Die Ente auf einer vorgewärm-
ten Platte anrichten und mit den
Orangenscheiben umlegen.*

WILDSCHWEINPFEFFER

Für 4 Personen
Zubereitungszeit: 35 Min. (ohne Wartezeit)/Koch- & Bratzeit: 2 ½ Std.

Vorbereitung

Das Fleisch in Stücke schneiden, salzen und pfeffern, in eine Schüssel legen und den Rotwein darüber gießen. Zwiebeln schälen und vierteln, Knoblauchzehen abziehen, Möhren putzen und in Stücke schneiden und alles zum Fleisch geben. Die Kräuter hinzufügen und das Fleisch zugedeckt mindestens 24 Stunden marinieren lassen.

Zubereitung

Das Fleisch aus der Marinade nehmen und trockentupfen, Schmalz in einer Pfanne erhitzen, die Fleischstücke darin von allen Seiten anbraten, mit einer Schöpfkelle herausnehmen und in einen Schmortopf geben. Mit dem Cognac übergießen und flambieren. Die Marinade durch ein Sieb zum Fleisch gießen und auf niedriger Temperatur etwa 2–2 ½ Stunden schmoren lassen, bis das Fleisch weich geworden ist. Die Butter zerlassen, das Mehl hineinstreuen und eine helle Mehlschwitze zubereiten. Etwas Soße zufügen und verrühren, dann die Mischung in den Topf geben, gut durchrühren und einige Minuten köcheln lassen.

Servieren

Das Fleisch in eine Schüssel füllen, mit der Soße übergießen und mit gebackenen Kartoffeln oder weißen Bohnen servieren.

ZUTATEN

750 g Wildschwein
Salz
Schwarzer Pfeffer
aus der Mühle
500 ml Rotwein
2 Zwiebeln
8 Knoblauchzehen
2 Möhren
2 Zweige Thymian
2 Lorbeerblätter
2 El Schweineschmalz
20 ml Cognac
50 g Butter
2 El Mehl

INFO

Wildschweine werden heute oft in Gehegen gezüchtet und haben durch die meist einseitige Ernährung nicht mehr den typischen Wildgeschmack.

WILDSCHWEINPFEFFER

POULARDE MIT WEINTRAUBEN

Für 4 Personen
Zubereitungszeit: 25 Min./Koch- & Bratzeit: 1 ¼ Std.

ZUTATEN

1 küchenfertige Poularde
Salz
Weißer Pfeffer
aus der Mühle
4 Scheiben fetten Speck
1 Tl edelsüßes
Paprikapulver
4 El Olivenöl
250 ml heiße Fleischbrühe
1 kg Weintrauben
100 g durchwachsener
Speck
20 g Butter
1 Tl Kartoffelstärke
4 El Dosenmilch
125 ml Madeira

INFO

Übrig gebliebenes Poularden-
fleisch kann man zu einem
delikaten Geflügelsalat verarbeiten.

Vorbereitung

Die Poularde gründlich unter
fließendem Wasser abwaschen
und trockentupfen. Innen salzen
und pfeffern. Flügel und Keulen
mit Küchengarn am Körper fest-
binden.

Zubereitung

Die Poularde mit der Brustseite
nach oben in einen Bräter legen
und mit den Speckscheiben belegen. Paprikapulver und Salz in
das Öl einrühren und die Poularde damit einpinseln. In den
auf 200 °C vorgeheizten Backofen stellen und 60 Minuten
garen. Zwischendurch immer
wieder mit dem Paprikaöl bestreichen. Sobald der Bratensatz
Farbe annimmt, die heiße
Fleischbrühe angießen, einen
kleinen Rest beiseite stellen. In
der Zwischenzeit die Trauben
waschen und die Haut abziehen, halbieren und entkernen.
Den durchwachsenen Speck
würfeln, zusammen mit der

Butter in einer Pfanne auslassen
und glasig anbraten. Die Weintrauben zugeben und etwa
5 Minuten erhitzen. Die Poularde auf einer vorgewärmten
Platte anrichten und das
Küchengarn entfernen. Den
Bratensatz mit der restlichen
Fleischbrühe lösen, nochmals
aufkochen lassen und durch ein
Sieb passieren. Kartoffelstärke
mit etwas Dosenmilch verrühren
und die Soße damit binden.
Den Madeira zugeben und mit
Salz und Pfeffer abschmecken.

Servieren

Die Poularde mit den heißen
Weintrauben umlegen und die
Soße getrennt dazu reichen. Als
Beilage schmeckt ein Kartoffel-
gratin.

KANINCHEN IN SENFSOSSE

Für 4 Personen
Zubereitungszeit: 25 Min./Koch- & Bratzeit: 50 Min.

Vorbereitung

Das Fleisch unter fließendem Wasser abwaschen und trockentupfen. Die Keulen salzen und pfeffern, im heißen Fett in einem Schmortopf leicht anbraten, herausnehmen und beiseite stellen.

Zubereitung

Die Zwiebel in feine Ringe schneiden, im Bratfett dünsten, salzen und pfeffern. Das Fleisch mit etwas Senf bestreichen und wieder in den Topf zurücklegen. Mit dem Speck bedecken und ohne Deckel im auf 220 °C vorgeheizten Backofen 45 Minuten garen. Fleisch und Zwiebeln separat herausnehmen. Das Bratfett abgießen, den Topf auf den Herd stellen, Rotwein und Thymian zugeben, aufkochen, auf die Hälfte reduzieren und den restlichen Senf unterrühren.

Servieren

Zwiebelringe, Kaninchen und Speckstreifen auf einer Platte anrichten und mit der Soße servieren.

ZUTATEN

4 Kaninchenkeulen
Salz
Weißer Pfeffer
aus der Mühle
2 El Butter
1 Zwiebel
200 g Senf
4 Streifen Bauchspeck
200 ml Rotwein
1 Zweig Thymian

KANINCHEN IN SENFSOSSE

INFO

Im Handel werden meistens Hauskaninchen angeboten. Man kann das Rezept jedoch auch mit Wildkaninchen zubereiten, die jedoch erheblich kleiner sind. Für 4 Personen sollte man darum 2 gan- ze Kaninchen vorsehen.

63

GÄNSELEBER MIT ORANGEN

Für 4 Personen
Zubereitungszeit: 20 Min./Koch- & Bratzeit: 15 Min.

ZUTATEN

4 Gänselebern
Weißer Pfeffer
aus der Mühle
3 El Mehl
50 g Butter
Salz
125 ml Fleischbrühe
3 unbehandelte Orangen

GÄNSELEBER MIT ORANGEN

INFO

*Um möglichst dünne Oran-
genstreifen zu erhalten, kann
man auch einen »Julienne-
reißer« verwenden, ein Spezi-
alwerkzeug für die Erstellung
von Rindenstreifen.*

Vorbereitung

*Die Lebern unter fließendem
Wasser abwaschen, trockentupfen
und von allen Häuten und
Sehnen befreien. Die Lebern
pfeffern und in Mehl wenden.*

Zubereitung

*Die Butter in einer Pfanne
erhitzen und die Lebern von
jeder Seite etwa 4 Minuten braten. Die Lebern aus der Pfanne
nehmen, salzen und warm stellen. Die Fleischbrühe in die
Pfanne geben und den Braten-
fond lösen, die Soße anschließend durch ein Sieb passieren.
Den Saft einer Orange in die
Soße geben, die Soße heiß hal-
ten, aber nicht mehr kochen lassen. Von einer halben Orange
möglichst dünn die Schale ohne
das Weiße schälen, in dünne
Streifen schneiden und in die
Soße geben. Die Orangen schälen und mit einem scharfen
Messer die Spalten ohne die
Häutchen herausschneiden. Die*

*so entstandenen Orangenfilets in
die Soße geben und erhitzen.*

Servieren

*Die Lebern auf einer vorge-
wärmten Platte anrichten, mit
der Soße begießen und mit den
Orangenfilets garnieren.*

64

ENTENBRUST MIT KIRSCHEN

Für 4 Personen
Zubereitungszeit: 20 Min. (ohne Wartezeit)/Koch- & Bratzeit: 15 Min.

ZUTATEN

250 g Sauerkirschen
250 ml Portwein
2 El Zucker
2 Entenbrüste
Salz
Frisch gemahlener Pfeffer
1 El Butter
1 El brauner Zucker
2 El Weinessig
125 ml Enten- oder Hühnerfond
1 Tl Pfeilwurzelmehl

Vorbereitung

Die Kirschen entsteinen und mit Portwein und Zucker in einen Topf geben. Durchrühren und 1–2 Stunden ziehen lassen. Die Kirschen dann 5–7 Minuten im Portwein köcheln lassen, bis sie weich sind. Die Haut der Entenbrüste bis zum Fleisch einritzen und das Geflügel auf beiden Seiten mit Salz und Pfeffer würzen.

Zubereitung

Die Butter in einer schweren Pfanne erhitzen. Die Entenbrust mit der Hautseite nach unten hineinlegen und 3–4 Minuten kräftig sautieren, bis das Fett weitgehend ausgebraten und die Haut knusprig ist. Die Stücke wenden und 3–4 Minuten auf der anderen Seite bräunen, so dass das Fleisch innen rosa ist. Herausnehmen und warm stellen. Das Fett aus der Pfanne weggießen. Den braunen Zucker hineingeben und erhitzen, bis er zu karamellisieren beginnt. Den Essig hinzufügen, dabei einen Schritt zurücktreten, da er verdampft und in den Augen beißt. Den Bratensatz lösen, dann Kirschmarinade und Fond angießen. Die Flüssigkeit zum Kochen bringen und mit in 1 El Wasser aufgelöstem Pfeilwurzmehl binden, bis sie leicht eindickt. Die Kirschen hinzufügen, damit sie wieder heiß werden, und die Soße abschmecken.

Servieren

Die Entenbrüste portionieren, mit den Kirschen garnieren und sofort servieren.

INFO

Die Entenbrust ist das beste und ergiebigste Fleischstück der Ente. Anstelle der Sauerkirschen passt auch gut eine Soße mit Holunderbeeren.

Gänsebraten mit Maronen

Für 4 Personen
Zubereitungszeit: 30 Min. / Koch- & Bratzeit: 2 ½ Std.

Vorbereitung

Die Maronen mit einem scharfen Messer kreuzweise einschneiden und 3–4 Minuten in kochendes Wasser legen und die Schale abziehen. Darauf achten, dass auch die dünne zweite Schale sorgfältig entfernt wird. Die Gans kurz kalt abwaschen, trockenreiben und innen wie außen salzen und pfeffern. Den Beifuß und die Maronen in die Bauchhöhle geben und die Öffnung mit Küchengarn gut zunähen.

Zubereitung

Die Gans mit der Brust nach unten in die Fettpfanne legen, mit 250 ml kochendem Wasser übergießen und im auf 190 °C vorgeheizten Backofen etwa 1 Stunde braten. Zwischendurch das Fett abschöpfen und die Gans immer wieder mit kochendem Wasser übergießen. Nach einer Stunde die Gans wenden, die Temperatur auf 180 °C reduzieren und je nach Größe weitere 1 ½ Stunden garen. In der letzten Viertelstunde die Gans nicht mehr mit Wasser begießen, sondern mehrmals mit Cognac bestreichen. Die Gans bekommt so eine besonders knusprige Haut. Nach Ende der Garzeit die Gans herausnehmen und warm stellen. Die Soße entfetten und mit in etwas kaltem Wasser aufgelöster Kartoffelstärke binden.

Servieren

Die Gans auf einer vorgewärmten Platte anrichten und im Ganzen zu Tisch bringen. Die Soße getrennt dazu reichen.

Zutaten

500 g Maronen
1 Gans (4–6 kg)
Salz
Schwarzer Pfeffer
aus der Mühle
1 Tl Beifuß
1 Schuss Cognac
1 El Kartoffelstärke

Info

Gänsebraten ist sehr kalorienreich und schwer verdaulich. Zur besseren Bekömmlichkeit kann darum ein Glas Cognac nicht schaden.

GÄNSEBRATEN MIT MARON

HÄHNCHEN IN BURGUNDER

HÄHNCHEN IN BURGUNDER

Für 4 Personen
Zubereitungszeit: 35 Min. (ohne Wartezeit)/Koch- & Bratzeit: 2 ¼ Std.

Vorbereitung

Den Hahn in 6 Stücke teilen. Das Gemüse putzen und in Stücke schneiden. Die Fleischstücke mit den Gemüsestücken, Knoblauch, Lorbeerblatt, Thymian, Bohnenkraut und Pfefferkörnern über Nacht im Rotwein marinieren.

Zubereitung

Das Fleisch aus der Marinade heben und trockentupfen. In einem großen Bräter in 40 g Butter bräunen. Gemüse und Kräuter aus der Marinade zufügen, mit Mehl bestäuben, salzen und pfeffern. Die Marinade angießen und alles 2 Stunden köcheln lassen. Frühlingszwiebeln und Champignons putzen und halbieren. Die Schwarte vom Speck entfernen und den Speck würfeln. In einer Pfanne in der restlichen Butter dünsten. Champignons und Frühlingszwiebeln zugeben und 10 Minuten dünsten. Nach Ende der Garzeit das Fleisch aus dem Topf nehmen und mit der Champignon-Zwiebel-Mischung anrichten. Die Soße reduzieren, abschmecken und über das Fleisch gießen.

Servieren

Das Hähnchen mit der gehackten Petersilie überstreuen und noch heiß servieren, als Beilage schmeckt ein Kartoffelgratin.

ZUTATEN

1 Hahn (etwa 1,5 kg)
1 Möhre
1 Stange Sellerie
1 Zwiebel
3 Knoblauchzehen
1 Lorbeerblatt
1 Zweig Thymian
1 Zweig Bohnenkraut
6 schwarze Pfefferkörner
1 Flasche Rotwein
(Burgunder)
50 g Butter
1 El Mehl
Salz
Schwarzer Pfeffer
aus der Mühle
6 Frühlingszwiebeln
250 g Champignons
150 g durchwachsener
Speck
1 El gehackte Petersilie

INFO

Das beste Geflügel kommt aus der »Bresse«, einem Landstrich nördlich von Lyon.

Wachteln in Weinblättern

WACHTELN IN WEINBLÄTTERN

ZUTATEN

8 Wachteln
Salz
Weißer Pfeffer
aus der Mühle
150 g fetter Speck
1 Dose Weinblätter (150 g)
50 g Butter
3 El Geflügelbrühe
2 cl Cognac
½ Kästchen Kresse

INFO

Wachteln kommen in der freien Natur nur noch sehr selten vor und stehen deshalb unter Schutz. Im Handel angebotene Tiere stammen ausschließlich aus Zuchtbetrieben.

Für 4 Personen
Zubereitungszeit: 20 Minuten

Vorbereitung

Die Wachteln unter fließendem Wasser gründlich abspülen, trockentupfen und innen und außen salzen und pfeffern. Den Speck in dünne Scheiben schneiden, die Wachteln zuerst mit dem Speck und dann mit den Weinblättern umwickeln und mit Küchengarn verschnüren.

Zubereitung

Die Butter in einem Bräter erhitzen und die Wachteln darin rundum 30 Minuten braten. Die Wachteln herausnehmen und warm stellen. Den Bratensatz mit Geflügelbrühe und Cognac lösen und einkochen lassen. In der Zwischenzeit die Kresse unter fließendem Wasser abwaschen, abtropfen lassen und mit der Schere kleine Sträußchen abschneiden.

Servieren

Die Wachteln von dem Küchengarn befreien, auf vorgewärmte Teller legen, mit der Soße begießen und mit etwas Kresse garnieren.

ESTRAGON-HÄHNCHEN

Für 4 Personen
Zubereitungszeit: 20 Min./Koch- & Bratzeit: 55 Min.

Vorbereitung

Das Hähnchen unter fließendem Wasser abspülen. Abtrocknen und in 6 Stücke teilen. Das Öl in einem Bräter erhitzen und die Hähnchenteile von allen Seiten kräftig anbraten.

Zubereitung

Die Schalotten und die Möhre schälen, fein hacken und zu dem Fleisch geben. Das Gemüse kurz anschwitzen, die Geflügelbrühe angießen, die Kräuter sowie Salz und Pfeffer zugeben und alles etwa 50 Minuten schmoren lassen. Nach Ende der Garzeit die Hähnchenteile aus dem Bräter nehmen und warm stellen. Den Bratensaft durch ein Sieb passieren und kurz aufkochen lassen. Die Kartoffelstärke mit kaltem Wasser verrühren, in die Soße einrühren und kurz aufkochen lassen. Die Sahne zugeben und die Hähnchenteile wieder zurückgeben abschmecken und gegebenenfalls nachwürzen.

Servieren

Die Hähnchenteile jeweils auf einer Portion körnig gekochtem Reis anrichten und die Soße getrennt dazu reichen.

ZUTATEN

1 küchenfertiges Hähnchen (etwa 1,5 kg)
4 El Pflanzenöl
3 Schalotten
1 Möhre
2 Tassen Geflügelbrühe
1 Lorbeerblatt
2 Wacholderbeeren
2 Tl getrockneter Estragon
Salz
Schwarzer Pfeffer aus der Mühle
1 El Kartoffelstärke
125 ml saure Sahne

ESTRAGON-HÄHNCHEN

INFO

Estragon ist getrocknet unbegrenzt haltbar und erhält beim Kochen sein würziges Aroma zurück.

Muscheln in Weisswein

Flussbarsch mit Salbei

Mandelforellen

Hechtklösschen

Seeteufel mit Pilzen

Gratinierte Jakobsmuscheln

Fisch & Schalentiere

MUSCHELN IN WEISSWEIN

Für 4 Personen
Zubereitungszeit: 30 Min./Kochzeit: 35 Min.

ZUTATEN

2 kg frische Miesmuscheln
1 große Gemüsezwiebel
3 Möhren
¼ Sellerieknolle
2 Knoblauchzehen
1 l Weißwein
2 Lorbeerblätter
6 Wacholderbeeren
1 Tl Salz
1 Tl zerstoßene, schwarze
Pfefferkörner

Vorbereitung

Die Muscheln gründlich waschen, mit einer Bürste säubern, die Barteln entfernen, geöffnete Muscheln entsorgen. Zwiebel, Möhren und Sellerieknolle putzen und in feine Streifen schneiden. Die Knoblauchzehen schälen und mit einem Messer zerdrücken.

Zubereitung

Den Wein, das vorbereitete Gemüse und die Gewürze in einen ausreichend großen Kochtopf geben und alles 25 Minuten kochen lassen. Nach Ende der Garzeit die Muscheln zugeben und im geschlossenen Topf 10 Minuten kochen lassen. Den Topf dabei immer wieder kräftig rütteln, damit sich die Muscheln gleichmäßig verteilen. Die Muscheln sind gar, wenn sie alle geöffnet sind, geschlossene Muscheln aussortieren und entfernen.

Servieren

Die Muscheln in tiefe Teller verteilen und eine Portion Sud darüber geben. Als klassische Beilage werden in Frankreich Pommes frites gereicht.

INFO

In den Sud kann man auch noch klein geschnittenen Fenchel oder Tomaten geben. Der Fantasie sind hier keine Grenzen gesetzt.

74

FLUSSBARSCH MIT SALBEI

Für 4 Personen
Zubereitungszeit: 25 Min. (ohne Wartezeit)/Bratzeit: 10 Min.

Vorbereitung

Die Fische mit einem scharfen, dünnen Messer filetieren, mit Zitronensaft beträufeln, leicht salzen und pfeffern und im Kühlschrank ½ Stunde ruhen lassen.

Zubereitung

Den Fisch trockentupfen und leicht mit Mehl einreiben. Das Ei aufschlagen, mit der Milch verquirlen und die Fischfilets zuerst im Ei und dann im Paniermehl wenden. Die Panade gut andrücken, die Hälfte der Butter in einer Pfanne erhitzen und 4 Salbeiblätter zufügen. Den Fisch und die restlichen Salbeiblätter zugeben und die Filets von jeder Seite 2 Minuten braten. Die restliche Butter in die Pfanne geben und erhitzen, bis sie schäumt.

Servieren

Die Barschfilets auf vorgewärmten Tellern anrichten und die heiße Butter mit den Salbeiblättern darüber gießen.

ZUTATEN

4 Barsche (je 250 g)
Saft einer Zitrone
Salz
Weißer Pfeffer
aus der Mühle
3 El Weizenmehl
1 Ei
5 El Milch
2 El Paniermehl
100 g Butter
12 Salbeiblätter

FLUSSBARSCH MIT SALBEI

INFO

Flussbarsche haben relativ wenig Gräten und eignen sich darum gut zum Filetieren.

75

MANDELFORELLEN

MANDELFORELLEN

Für 4 Personen
Zubereitungszeit: 20 Min./Bratzeit: 15 Min.

Vorbereitung

Die Forellen ausnehmen, unter fließendem Wasser gründlich auswaschen und sorgfältig abtrocknen. Die Forellen innen salzen, dann zuerst in Milch und anschließend in Mehl wenden.

Zubereitung

Die Forellen zuerst bei starker Hitze in der Hälfte der Butter anbraten, Hitze reduzieren und die Forellen, je nach Größe der Fische, etwa 10 Minuten fertig braten. Die restliche Butter in einer neuen Pfanne erhitzen und die Mandeln darin hellbraun anrösten.

Servieren

Die Fische auf vorgewärmten Tellern anrichten, mit der Mandelbutter übergießen und mit gehackter Petersilie garnieren.

ZUTATEN

4 Portionsforellen (je 200 g)
Salz
3 El Milch
4 El Mehl
200 g Butter
50 g in Blättchen geschnittene Mandeln
1 Bund gehackte Petersilie

INFO

Im Handel werden meist Regenbogenforellen angeboten, die aus Zuchtanlagen stammen. Delikater sind jedoch die in sauberen Gebirgsbächen lebenden Bachforellen, die durch ihre natürliche Ernährung bedingt das feinere Fleisch besitzen.

Fisch &
Schalentiere

HECHTKLÖSSCHEN

HECHTKLÖSSCHEN

Für 4 Personen
Zubereitungszeit: 40 Min. (ohne Wartezeit)/Kochzeit: 1 ¼ Std.

ZUTATEN

500 g Hechtfilet
1 Ei
Salz
Weißer Pfeffer
aus der Mühle
Frisch geriebene
Muskatnuss
250 ml süße Sahne
1 Zwiebel
1 Petersilienwurzel
¼ Sellerieknolle
1 Stange Lauch
500 ml Weißwein
1 Lorbeerblatt
1 Tl Pfefferkörner
2 Schalotten
250 ml Fischfond
125 ml süße Sahne
30 g Butter
2 El geschlagene Sahne
2 El gehackte Dillästchen
½ Zitrone

INFO

*Verwenden Sie nur Fischfilets
von Hechten bis zu 2 kg, das
Fleisch von älteren, schwere-
ren Tieren ist weniger delikat.*

Vorbereitung

*Die Hechtfilets unter kaltem
Wasser sorgfältig abspülen und
trockentupfen. In einem Mixer
pürieren, das Ei zugeben und
mit Salz, Pfeffer und Muskatnuss würzen. Alles gut unterarbeiten und im Kühlschrank
1 Stunde ruhen lassen. Nach
der Kühlzeit die gut gekühlte
Sahne zugeben und alles im
Mixer auf kleinster Stufe vorsichtig mischen. Die Fischmasse
in eine gekühlte Schüssel geben
und wieder in den Kühlschrank
stellen. In der Zwischenzeit die
Zwiebel, Petersilienwurzel,
Sellerie und Lauch putzen und
in kleine Würfel schneiden.*

Zubereitung

*1 ½ l Wasser mit dem Wein,
dem Gemüse und den
Gewürzen ½ Stunde kräftig
kochen lassen und dann durch
ein Sieb passieren. Mit zwei
nassen Esslöffeln von der Fisch-
Sahne-Masse eigroße Klöße for-*

*men und in dem siedenden Sud
in 15 Minuten langsam gar ziehen lassen. Mit einem Schaum-
löffel herausnehmen, warm stellen und so verfahren, bis die
gesamte Masse verarbeitet ist.
Für die Soße die Schalotten
schälen, sehr fein schneiden und
im Fischfond 10 Minuten
köcheln lassen. Die Sahne einrühren und nochmals etwa 5
Minuten garen. Den Topf von
der Kochstelle nehmen und die
kalte Butter in kleinen Stückchen in die Soße einrühren. Die
geschlagene Sahne mit den Dillästchen mischen und vorsichtig
unter die Soße heben. Die Soße
mit Salz, Pfeffer und Zitronensaft abschmecken.*

Servieren

*Die Hechtklößchen vorsichtig in
eine vorgewärmte Schüssel geben
und die Soße darüber verteilen.
Als Beilage schmeckt eine Portion Wildreis.*

SEETEUFEL MIT PILZEN

Für 4 Personen
Zubereitungszeit: 20 Min./Bratzeit: 15 Min.

Vorbereitung

Die Schalotten schälen und
klein schneiden. Steinpilze sorgfältig putzen und in Scheiben
schneiden. Die Schalotten mit
den Pilzen in Olivenöl kurz
anschwitzen, mit Salz und
Pfeffer würzen und mit der
Petersilie bestreuen.

Zubereitung

Die Fischstücke unter fließendem Wasser abspülen, trockentupfen, mit Zitronensaft beträufeln, salzen, pfeffern und in
Sonnenblumenöl von beiden
Seiten ganz kurz etwa 3 Minuten anbraten. Den Fisch in den
auf 200 °C vorgeheizten Backofen geben und 10 Minuten
garen lassen. Die Butter in einem Butterpfännchen zerlassen.

Servieren

Den Fisch und die Steinpilze
auf vorgewärmten Tellern anrichten und mit der flüssigen Butter
begießen. Sofort servieren und
geröstete Baguettescheiben dazu
reichen.

ZUTATEN

2 Schalotten
1 kg Steinpilze
2 El Olivenöl
Salz
Weißer Pfeffer
aus der Mühle
1 El gehackte, glatte
Petersilie
4 Scheiben Seeteufel
2 El Zitronensaft
1 El Sonnenblumenöl
200g Butter

SEETEUFEL MIT PILZEN

INFO

Seeteufel, auch als Anglerfisch
bekannt, hat weißes, festes
Fleisch und ist so gut wie
grätenfrei.

GRATINIERTE JAKOBSMUSCHELN

Für 4 Personen
Zubereitungszeit: 25 Min./Koch- & Backzeit: 30 Min.

GRATINIERTE JAKOBSMUSCHELN

ZUTATEN

8 Jakobsmuscheln
2 Schalotten
100 g Butter
½ Glas Weißwein
Salz
Weißer Pfeffer
aus der Mühle
2 El Mehl
125 ml Fleischbrühe
125 ml Sahne
2 Eigelbe
2 El geriebener Käse
Paniermehl
Butterflöckchen
2 El Petersilienblättchen

INFO

Die Jakobsmuschel war einst
Erkennungszeichen der Pilger
auf der Wanderung nach dem
spanischen Santiago de
Compostella, die damit
Wasser schöpften.

Vorbereitung

Die Muscheln mit einem spitzen Messer öffnen, das Muschelfleisch herauslösen, unter fließendem Wasser gründlich abwaschen, schwarze Teile und Häutchen entfernen und nur die Nuss und den roten Rogen aufheben.

Zubereitung

Das Muschelfleisch grob hacken, die Schalotten schälen und in feine Würfelchen schneiden. Die Hälfte der Butter erhitzen, zuerst die Schalotten darin anschwitzen, dann das Muschelfleisch zugeben, den Wein angießen, mit Salz und Pfeffer würzen und 15 Minuten köcheln lassen. Aus 25 g Butter und dem Mehl eine Mehlschwitze erstellen und mit Fleischbrühe und Sahne aufgießen. Die Mehlschwitze reduzieren, mit den Eigelben legieren und den Käse einrühren. Die Muscheln in die Soße geben und alles gut miteinander verrühren. Je eine Muschelhälfte gründlich säubern, mit etwas Butter bestreichen und die Muscheln darauf verteilen. Paniermehl darüber streuen und jeweils ein Butterflöckchen aufsetzen. Die Jakobsmuscheln im Grill 10 Minuten goldbraun gratinieren oder in den auf 220 °C vorgeheizten Backofen stellen.

Servieren

Kurz vor dem Servieren die Muschelhälften mit Petersilienblättchen bestreuen, noch heiß zu Tisch bringen und kühlen Weißwein und geröstete Baguettescheiben dazu reichen.

Tarte Tatin

Pflaumen in Rotwein

Brioche

Soufflé mit Grand Marnier

Mousse au Chocolat

Crêpes

Desserts & Backwaren

TARTE TATIN

Für 4 Personen
Zubereitungszeit: 45 Min. (ohne Wartezeit)/Backzeit: 1 Std.

ZUTATEN

Für den Teig:
150 g Mehl
50 g Zucker
70 g Butter
1 Ei
Salz

Für den Belag:
600 g Boskopäpfel
100 g Butter
100 g Zucker
1 Päckchen Vanillezucker

Vorbereitung

Das Mehl auf ein Brett oder in eine Schüssel geben, den Zucker und die kalte Butter in kleinen Stückchen dazugeben. Eine Mulde in den Teig drücken, das Ei hineinschlagen und eine Prise Salz zugeben. Alle Zutaten rasch von innen nach außen zu einem glatten Teig verarbeiten. Den Teig zugedeckt im Kühlschrank 1 Stunde ruhen lassen.

Zubereitung

Die Äpfel waschen, schälen, entkernen und in Scheiben schneiden. In einer runden Backform mit erhöhtem Rand 50 g Butter zerlassen und die Hälfte des Zuckers und des Vanillezucker einstreuen. Den Boden gleichmäßig mit Apfelscheiben auslegen, die restlichen Äpfel darauf schichten und auf der Herdplatte 15 Minuten schmoren lassen. Den Teig dünn zu einer runden Platte ausrollen, über die Äpfel legen und am Rand fest andrük-

ken. In den auf 200 °C vorgeheizten Backofen stellen und 30 Minuten backen. Anschließend die restliche Butter in Flöckchen auf den Kuchen setzen, den übrigen Zucker und den Vanillezucker darüber streuen und in etwa 15 Minuten karamellisieren lassen. Nach Ende der Garzeit den Kuchen vorsichtig aus der Form stürzen.

Servieren

Den Apfelkuchen in Stücke schneiden und noch warm servieren.

INFO

Besonders dekorativ ist es, wenn man für jeden Gast einen eigenen kleinen Apfelkuchen backt.

84

PFLAUMEN IN ROTWEIN

PFLAUMEN IN ROTWEIN

Für 4 Personen
Zubereitungszeit: 15 Min. (ohne Wartezeit)/Kochzeit: 35 Min.

Vorbereitung

Die Pflaumen unter fließendem Wasser abspülen und falls erforderlich die Kerne entfernen. Das Obst in eine Schüssel geben, mit Wasser bedeckt 2 Stunden quellen lassen.

Zubereitung

Die Pflaumen in einen Topf geben, Rotwein Zucker, Vanilleschote, Zimt, Zitronenschale und Nelken zugeben. Alles zum Kochen bringen und bei schwacher Hitze mit geschlossenem Deckel 20 Minuten garen. Den Deckel abheben und alles 15 Minuten einkochen lassen. Die Gewürze entfernen.

Servieren

Die Pflaumen in eine vorgewärmte Schüssel geben und Milchreis dazu reichen.

ZUTATEN

300 g Dörrpflaumen
250 ml Rotwein
50 g Zucker
½ Vanilleschote
1 Stück Zimt
¼ Schale von 1 unbehandelten Zitrone
5 Nelken

INFO

Pflaumen in Rotwein sind eine ausgezeichnete Beilage zu den unterschiedlichsten Wildgerichten.

BRIOCHE

BRIOCHE

Für 4 Personen
Zubereitungszeit: 20 Min. (ohne Wartezeit)/Backzeit: 45 Min.

ZUTATEN

250 g Weizenmehl
10 g Hefe
200 g Butter
3 mittelgroße Eier
1 El Zucker
1 Tl Salz
1 Ei zum Bestreichen

Vorbereitung

Der Teig wird am Vorabend des Backtages angerührt. Das Mehl in eine Schüssel sieben, eine Mulde in das Mehl drücken und die zerbröckelte Hefe mit 3 ½ El lauwarmen Wassers und etwas Mehl darin zu einem Brei verrühren. Etwas gehen lassen. Die weiche Butter in Stücken dazugeben. Die verschlagenen Eier, Zucker und Salz hinzufügen. Gründlich miteinander verrühren. Das Mehl langsam darunter mischen. Aus dem Teig eine Kugel formen und zugedeckt an einem warmen Ort gehen lassen.

Zubereitung

Den Teig auf ein mit Mehl bestreutes Backblech legen und 2–3 Minuten kneten. Wieder zu einer Kugel formen und zum Aufgehen in eine mit gefettetem Pergamentpapier ausgelegte runde Kuchenform legen. Der Teig muss um das Doppelte seines Umfangs aufgehen, bevor er mit dem verquirlten Ei bestrichen wird. An der Oberfläche kreuzweise einschneiden. Im vorgeheizten Ofen bei 220 °C 40–45 Minuten backen.

Servieren

Die Brioche sollte ganz frisch gegessen werden.

INFO

Man kann die Brioche auch mit einer süßen oder pikanten Füllung versehen.

SOUFFLÉ MIT GRAND MARNIER

Für 4 Personen
Zubereitungszeit: 15 Min./Backzeit: 50 Min.

Vorbereitung

Die Butter zerlassen und das Mehl hinzugeben. Unter Rühren mit dem Schneebesen mit der Milch aufgießen und aufkochen lassen. Den Zucker hinzufügen.

Zubereitung

Von der Kochstelle nehmen und nach und nach die Eigelbe und den Grand Marnier zugeben. Zum Schluss den steif geschlagenen Eischnee unter die Masse mischen. Den Teig in eine ausgebutterte Form geben und im auf 200 °C vorgeheizten Backofen in 45–50 Minuten gar backen.

Servieren

Das Soufflé aus dem Backofen nehmen, mit Puderzucker bestreuen und sofort servieren.

ZUTATEN

30 g Butter
30 g Mehl
125 ml Milch
60 g Zucker
6 Eigelbe
1 Schnapsglas
Grand Marnier
6 Eiweiße
Butter für die Form
Puderzucker
zum Bestreuen

INFO

Das Soufflé stürzt sofort zusammen, wenn es mit Zugluft in Berührung kommt.

SOUFFLÉ MIT GRAND MARNIER

MOUSSE AU CHOCOLAT

MOUSSE AU CHOCOLAT

Für 4 Personen
Zubereitungszeit: 45 Min. (ohne Wartezeit)

ZUTATEN

200 g Bitterschokolade
3 El Milch
200 g Butter
Abgeriebene Schale von ½
unbehandelten Orange
4 Eigelbe
50 g Zucker
4 Eiweiße
Salz
3 El Schokoladensplitter

INFO

Man kann die Mousse aus dunkler und weißer Schokolade herstellen und schichtweise in die Dessertschälchen geben.

Vorbereitung

Die Schokolade mit einem Messer in kleine Stücke teilen und mit der Milch in eine Schüssel geben. Die Schüssel in einem Wasserbad erhitzen und so lange rühren, bis die gesamte Schokolade geschmolzen ist.

Zubereitung

Nach und nach die Butter zufügen und die abgeriebene Orangenschale unterarbeiten. Die Eigelbe mit dem Zucker zu einer dicken, schaumigen Masse aufschlagen und die Schokoladenmasse darunter arbeiten. Die Eiweiße mit einer Prise Salz sehr steif schlagen und mit der Schokoladenmousse vermischen. Die Mousse au Chocolat in Dessertschälchen geben und im Kühlschrank erkalten lassen.

Servieren

Die Mousse kurz vor dem Servieren mit Schokoladensplitter garnieren oder mit einem Klecks Schlagsahne versehen.

Desserts &
Backwaren

CRÊPES

Für 4 Personen
Zubereitungszeit: 20 Min. (ohne Wartezeit)/Backzeit: 30 Min.

Vorbereitung

Das Mehl in eine Schüssel sieben und in die Mitte eine Mulde formen. Die Eier dazugeben, ebenso die Zitronenschale, den Zucker und die zerlassene Butter. Dann mit der Milch nach und nach zu einem dünnflüssigen Teig verarbeiten. Den Teig bei Zimmertemperatur $\frac{1}{2}$ Stunde ruhen lassen.

Zubereitung

Zum Backen etwas Butter in einer Pfanne schmelzen lassen und jeweils eine Kelle Teig hineingeben. Durch schwenken der Pfanne gleichmäßig verteilen. Ein kleines Stück Butter auf den Teig geben und so lange backen, bis die Unterseite goldgelb mit einigen dunklen Stellen ist. Dann den Crêpe wenden und von der anderen Seite backen. So verfahren, bis der ganze Teig verbraucht ist.

Servieren

Die Crêpes zu Halbmonden formen, auf angewärmten Tellern stapeln und kurz vor dem Servieren mit Puderzucker bestreuen.

ZUTATEN

500 g Mehl
6 Eier
Schale von
2 unbehandelten Zitronen
3 El Zucker
100 g zerlassene Butter
1 l Milch
Butter zum Backen
3 El Puderzucker

INFO

Die Crêpes können mit Apfelmus oder je nach Geschmack mit den unterschiedlichsten Gelees gefüllt werden.

93

REGISTER